Es ist ein kalter Winter in Lappland. Wer wohnt wohl in diesem gemütlichen schneebedeckten Häuschen?

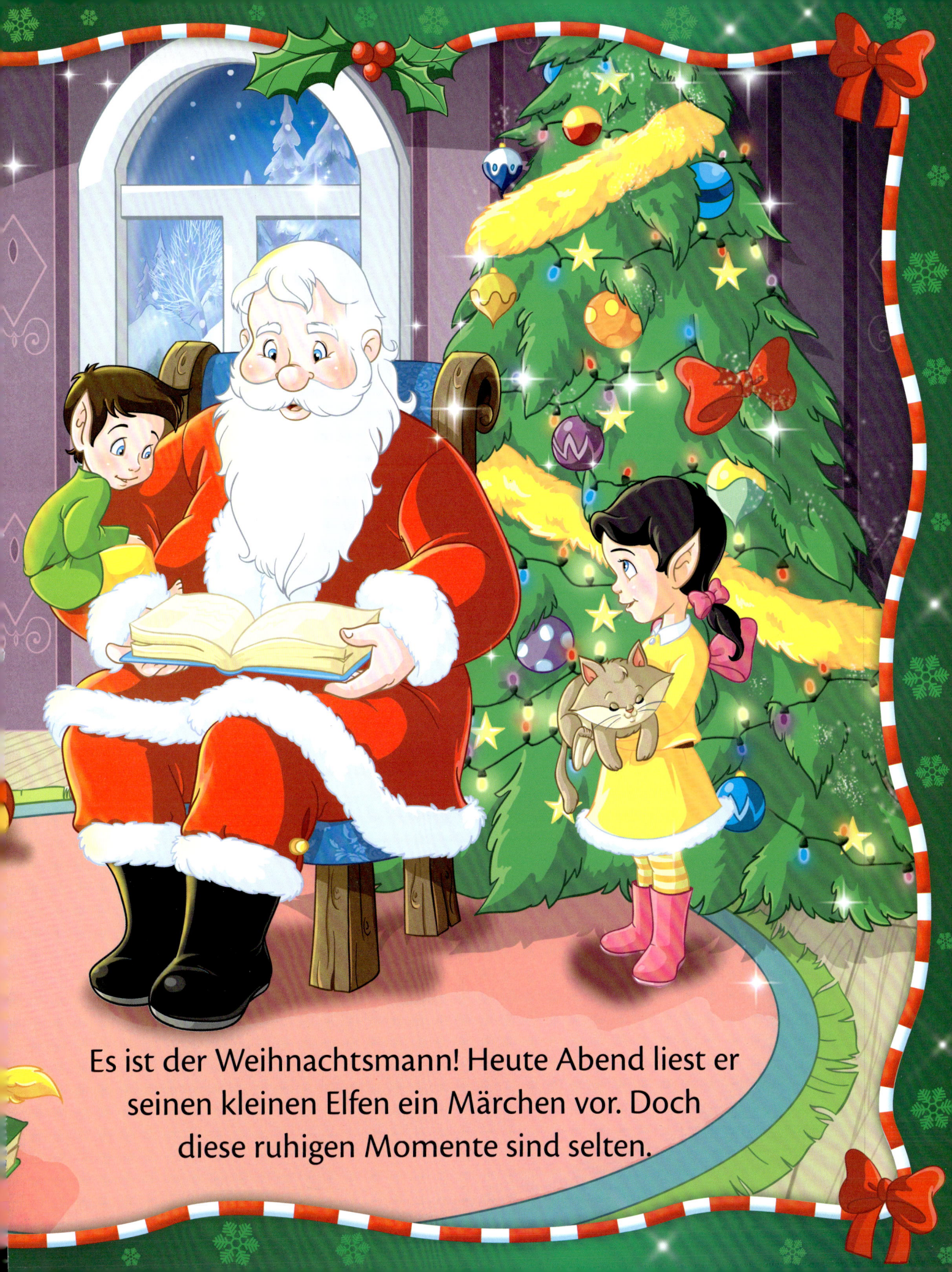

Es ist der Weihnachtsmann! Heute Abend liest er seinen kleinen Elfen ein Märchen vor. Doch diese ruhigen Momente sind selten.

Vor Weihnachten studiert der Weihnachtsmann eigentlich all die vielen Briefe, die er von Kindern auf der ganzen Welt erhält.

Gleichzeitig sind er und seine kleinen Freunde damit beschäftigt, Spielzeug und viele andere Geschenke herzustellen.

Dank der Hilfe der liebenswerten Elfen werden alle Geschenke pünktlich fertig und dazu noch wunderschön verpackt. Nun sind sie bereit für die Auslieferung.

Unterdessen helfen Emma und Paul ihren Eltern, den Weihnachtsbaum festlich zu schmücken. Darauf haben sie sich so gefreut!

Nachdem er seine geliebten Rentiere gefüttert hat, lädt der Weihnachtsmann die Geschenke auf den magischen Schlitten. Dann ist er bereit für die große Fahrt, denn heute ist Heiligabend.

Emma und Paul haben den Vormittag des 24. Dezembers mit Mama in der Küche verbracht und leckere Plätzchen gebacken. „Wir können einige für den Weihnachtsmann zur Seite stellen!", sagt Mama. „Wenn er heute Nacht zu uns kommt, wird er schon lange unterwegs gewesen sein."

Ja, zu Emma und Paul kommt der Weihnachtsmann erst, wenn schon alle schlafen. Als es dann Zeit ist, ins Bett zu gehen, stellen die Geschwister eine kleine Überraschung für den Weihnachtsmann bereit.

Es ist der Weihnachtsmann!
Er fliegt über ihr Haus, bereit zur Landung auf dem Dach.

Dann gelangt er auf geheimnisvollen Wegen in das Haus. Wie? Das gehört zum Wunder der Weihnacht! Emma und Paul jedenfalls werden große Augen machen, wenn sie all die tollen Geschenke sehen.

Bevor der Weihnachtsmann sich wieder auf den Weg macht, entdeckt er die Plätzchen und kann nicht widerstehen. „Hm, die schmecken großartig!", murmelt er zufrieden.

Am nächsten Morgen stehen Emma und Paul extra früh auf, denn natürlich können sie es kaum erwarten, ihre Geschenke auszupacken. Sie sind so aufgeregt!

Dann wollen sie sofort hinaus in den Schnee, um den neuen Schlitten Probe zu fahren und auf der neuen Trommel zu spielen. Die Kinder sind glücklich. „Danke, lieber Weihnachtsmann!"